# Das Dritte Testament

**1. MARKUS** *oder* **DAS ERWACHEN DES LÖWEN**

*Zeichnung und Farben*
**A. ALICE**

*Text*
**X. DORISON** (TSC)
**A. ALICE**
nach einer Idee von X. Dorison

**Carlsen Comics**

## DANK AN BAJRAM.

Wie auch an Nathalie, Claire, Mathieu, Ghislain und Pierre Gaugué, Dominikanermönch.
Die Autoren danken ebenfalls Philippe H. Jorge der Bibliothèque Nationale,
ohne den die Bücher von Elsenor niemals als Ausgangspunkt der Geschichte hätten dienen können.

*Anmerkung zur Datierung der Bücher:*
Bis 1564 entsprach der Jahresanfang in Frankreich dem Ostertag. Dieses System, genannt »Osterstil«
oder »französischer Stil«, lag auch den Büchern von Elsenor zugrunde. Wir haben uns entschlossen,
dieses System zu respektieren und die Datenschreibweise nicht auf unsere Zeitrechnung zu übertragen.

Die Autoren

**BUCH I:** MARKUS *oder* DAS ERWACHEN DES LÖWEN
**BUCH II:** MATTHÄUS *oder* DAS GESICHT DES ENGELS
**BUCH III:** LUKAS *oder* DER ATEM DES STIERS
**BUCH IV:** JOHANNES *oder* DER TAG DES RABEN

CARLSEN COMICS
2 3 4 5 · 08 07 06 05
© Carlsen Verlag GmbH · Hamburg 2002
Aus dem Französischen von Tanja Krämling
Le troisième testament – Marc ou le reveil du lion
Copyright © 1997 Editions Glénat
Redaktion: Antje Gürtler
Lettering: Hartmut Klotzbücher
Herstellung: Winnie Schwarz, Nicolai Gogoll
Druck und buchbinderische Verarbeitung:
Druckhaus Schöneweide
Alle deutschen Rechte vorbehalten
ISBN 13: 978-3-551-76321-1 · ISBN10: 3-551-76321-6
Printed in Germany · www.carlsencomics.de

*HAND GOTTES

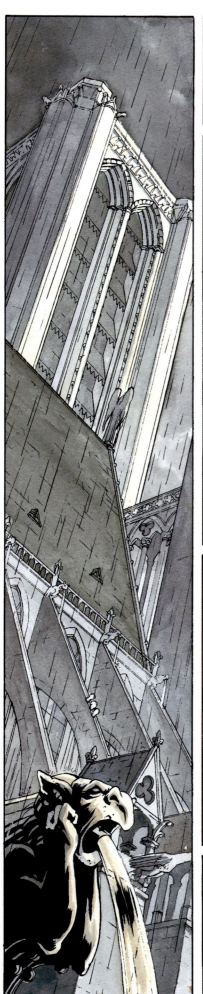

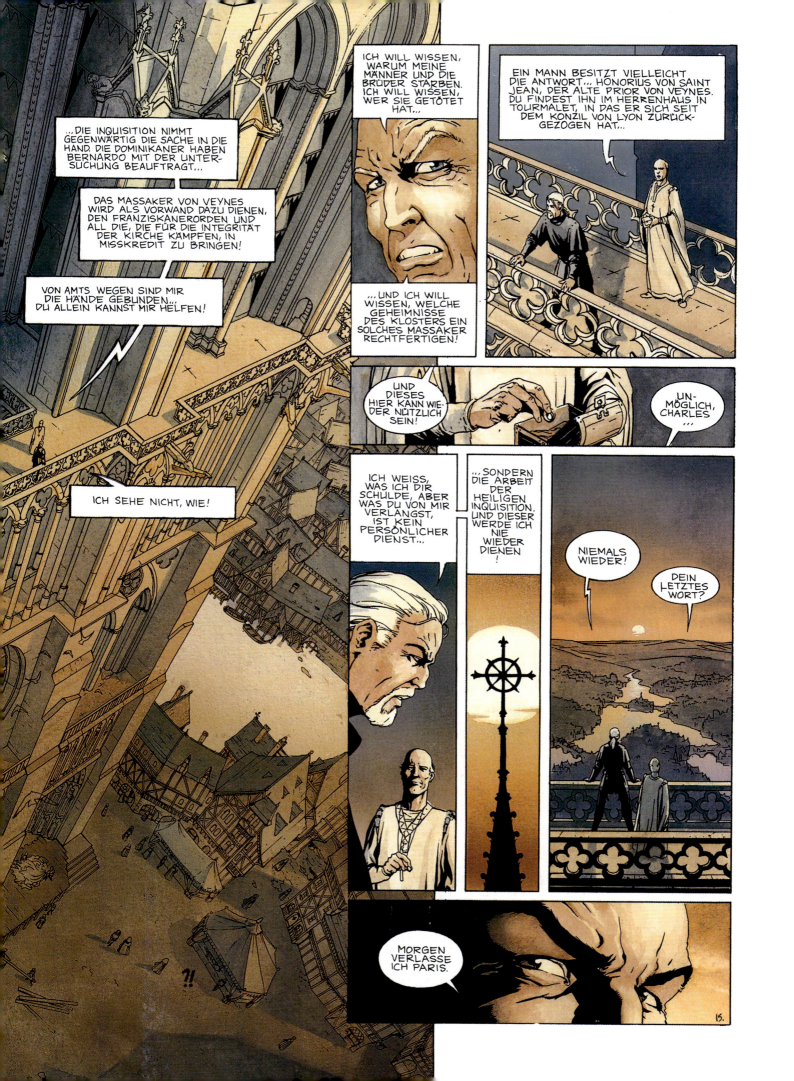

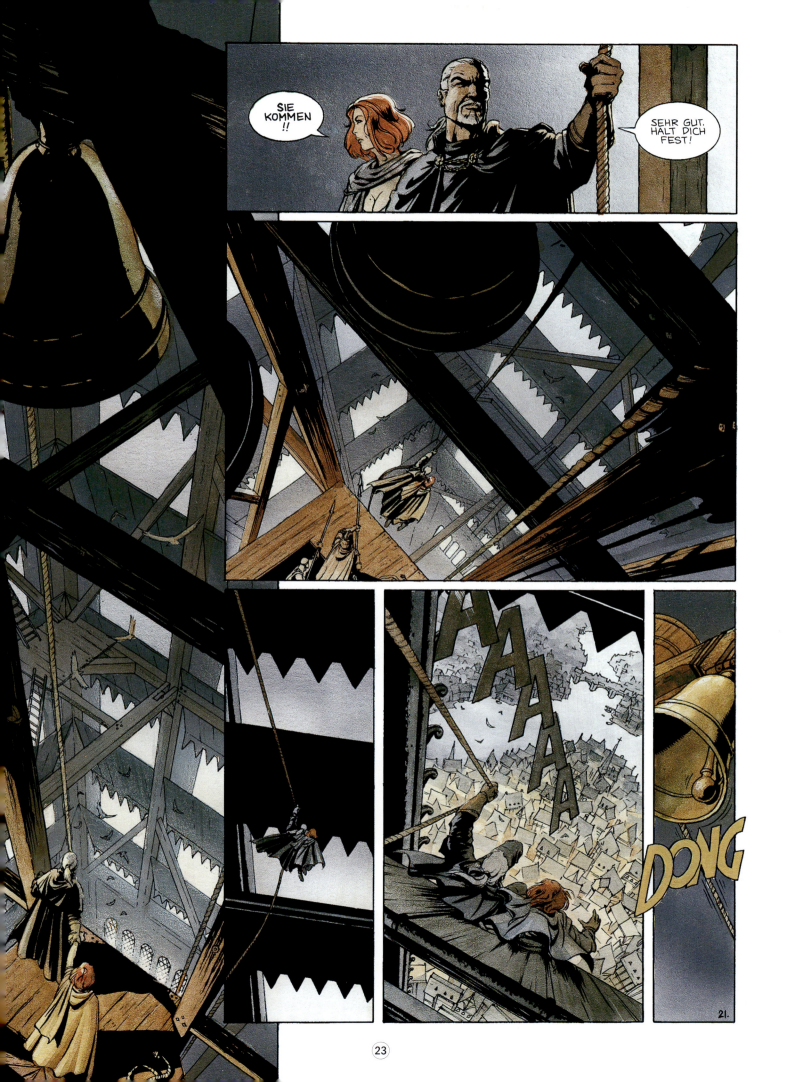

IHR SEID ZU SPÄT.

ICH... ICH WEISS, HERR. ABER ES WIRD IMMER SCHWIERIGER, MEINE ABWESENHEIT ZU RECHTFERTIGEN. ES DAUERTE, BIS ICH IHN ÜBERZEUGT HATTE, DASS ICH PERSÖNLICH FÜR MEINE UNTERSUCHUNGEN NACH PARIS KOMMEN MUSS.

ICH WILL INFORMATIONEN, TESSINGHER, KEINE ENTSCHULDIGUNGEN! IST EUER »HERR« VERANTWORTLICH FÜR DEN TOD DES ERZBISCHOFS?

BRAV, MEIN KLEINER.

IE UNKLAREN ÄUSSERUNGEN DES SPIONS SCHIENEN MARBURG ÜBER DIE MASSEN ZU BESORGEN. ICH HINGEGEN FRAGTE MICH, OB ICH MEINEN REISEBEGLEITER GUT GEWÄHLT HATTE... WAS FÜR EIN MENSCH WAR ER, DER DAS LEBEN EINES MENSCHEN OPFERTE, UM INFORMATIONEN ZU ERHALTEN?

CH KONNTE MIR DEN ANGRIFF DER RABEN NICHT ERKLÄREN, UND MARBURG SCHWIEG SICH ÜBER DEN VORFALL AUS. WIR GÖNNTEN UNS TROTZDEM EIN RASTLAGER FÜR DIE NACHT, BEVOR WIR UNS AM NÄCHSTEN MORGEN AUF IMMER MÜHSAMERE PFADE BEGABEN. ABER DANN ENDLICH...

DA SIND WIR. DAS HERRENHAUS VON TOURMALET!

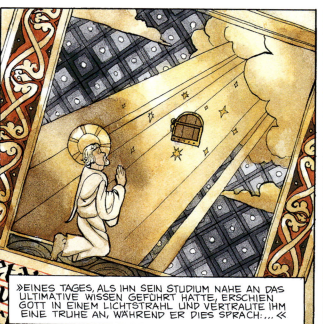

HÖRT MIR GUT ZU, JUNGE DAME...!

DIESE VERFLUCHTEN BÜCHER ZEIGEN SICHER DEN ORT VON JULIUS' VERSTECK AN...

... UND IHRE EXISTENZ BEWEIST, DASS SEINE GESCHICHTE NICHT NUR EINE LEGENDE IST!

ABER MEIN VATER... BEI ALLEM RESPEKT, SEIT DIESER ZEIT KÖNNTE DIE ERZÄHLUNG VERÄNDERT UND INTERPRETIERT WORDEN SEIN...

DIE VON GOTT GESCHENKTE TRUHE KÖNNTE NUR EIN SYMBOL SEIN...

ICH HABE ES LANGE GEHOFFT...

EIN GANZES LEBEN DER RECHERCHE ERLAUBTE ES NICHT, ES MIT SICHERHEIT FESTZUSTELLEN.

ABER ANHAND DER NEUIGKEITEN, DIE IHR MIR BRINGT, WEISS ICH HEUTE, DASS ES NICHT DER FALL IST. DIE MONSTER, DIE VEYNES NIEDERMACHTEN, SUCHTEN ETWAS ANDERES ALS EIN SYMBOL!

WER KÖNNTEN SIE SEIN?

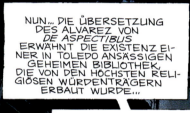

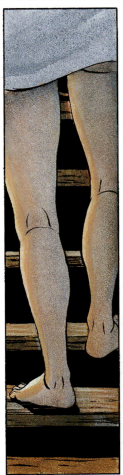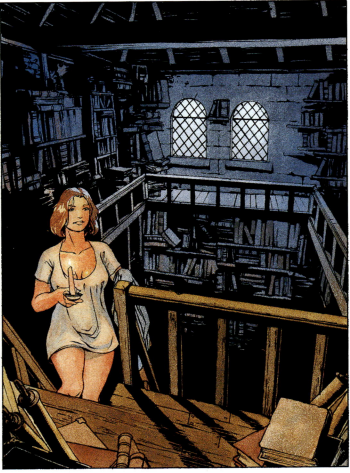

IHR HABT NICHT ALLES ÜBER EURE VERGANGENHEIT ERZÄHLT, HERR GRAF...

...ABER ANDERE WERDEN FÜR EUCH SPRECHEN!

HEILIGE MUTTER!

IHR WOLLT ALSO WIRKLICH NACH TOLEDO ABREISEN...

IN DER TAT, WIR...

MEISTER HONORIUS! MEISTER HONORIUS!!

EINE BEWAFFNETE REITERTRUPPE, HERR! SIE REITEN IN RICHTUNG HERRENHAUS!!